M000049801

DANGER

GEVAAR

INGOZI

PELIGRO DE MUERTE
PAS, DANGER DE MORT

НЕ ВЛЕЗАЙ,

УБЬЕТ!

סכנה

Nie dotykać!
Urządzenie
elektryczne!

PELIGRO DE MUERTE
PAS, DANGER DE MORT
لا ﺗ ﺲ ﺖ

סכנה

Nie dotykać!
Urządzenie
elektryczne!

PELIGRO DE MUERTE
PAS, DANGER DE MORT

НЕ ВЛЕЗАЙ,

УБЬЕТ!

סכנה

Nie dotykać!
Urządzenie
elektryczne!

PELIGRO DE MUERTE
PAS, DANGER DE MORT
لا ـ مـ

НЕ ВЛЕЗАЙ,

УБЬЕТ!

סכנה

Nie dotykać!
Urządzenie
elektryczne!

# DANGER
# GEVAAR
# INGOZI

PELIGRO DE MUERTE
PAS, DANGER DE MORT

НЕ ВЛЕЗАЙ,

УБЬЕТ!

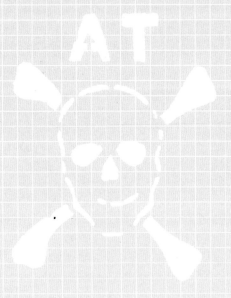

סכנה

Nie dotykać!
Urządzenie
elektryczne!

НЕ ВЛЕЗАЙ,

УБЬЕТ!

खतरा!

Nie dotykać!
Urządzenie
elektryczne!

PELIGRO DE MUERTE
PAS. DANGER DE MORT

НЕ ВЛЕЗАИ,
УБЬЕТ!

סכנות

Nie dotykać!
Urządzenie
elektryczne!

PELIGRO DE MUERTE
PAS. DANGER DE MORT
لا تنس

НЕ ВЛЕЗАЙ, УБЬЕТ!

סכנות

¡PELIGRO DE MUERTE
PAS, DANGER DE MORT

لا تسب... خطر

НЕ ВЛЕЗАЙ, УБЬЕТ!

¡PELIGRO!

Nie dotykać!
Urządzenie
elektryczne!

PELIGRO DE MUERTE
PAS, DANGER DE MORT
لا تسترب

НЕ ВЛЕЗАЙ,
УБЬЕТ!

¡PELIGRO!

סכנה

Nie dotykać!
Urządzenie
elektryczne!

PELIGRO DE MUERTE

PAS, DANGER DE MORT

خطر الموت

НЕ ВЛЕЗАЙ,
УБЬЕТ!

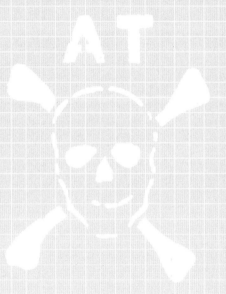

¡PELIGRO!

סכנות

Nie dotykać!
Urządzenie
elektryczne!

DANGER
GEVAAR
INGOZI

PELIGRO DE MUERTE

PAS, DANGER DE MORT

خطــــر . زم

НЕ ВЛЕЗАЙ,

УБЬЕТ!

Nie dotykać!
Urzadzenie
elektryczne!

PELIGRO DE MUERTE

…AS, DANGER DE MORT

لا تنس

НЕ ВЛЕЗАЙ,

УБЬЕТ!

¡PELIGRO!

סכנות

Nie dotykać!
Urządzenie
elektryczne!

PELIGRO DE MUERTE
PAS, DANGER DE MORT
لا تمس خطر

НЕ ВЛЕЗАИ,

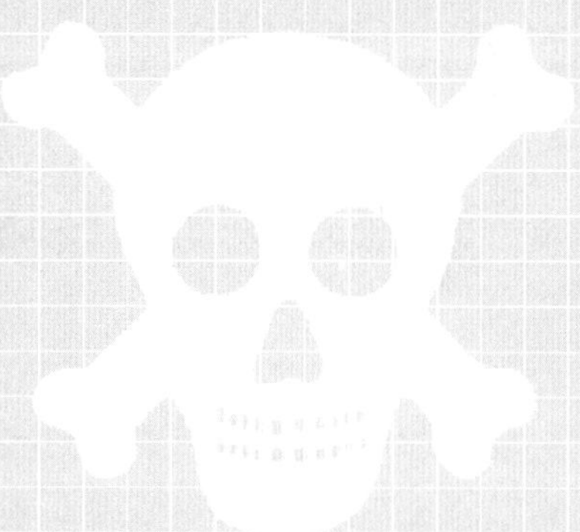

УБЬЕТ!

סכנה

Nie dotykać!
Urządzenie
elektryczne!

סכנה

Nie dotykać!
Urządzenie
elektryczne!

PELIGRO DE MUERTE

..AS, DANGER DE MORT

لا تمس خ..

НЕ ВЛЕЗАЙ, УБЬЕТ!

סכנה

Nie dotykać!
Urządzenie
elektryczne!

PELIGRO DE MUERTE
PAS, DANGER DE MORT
لا - نفس

סכנה

Nie dotykać!
Urządzenie
elektryczne!

PELIGRO DE MUERTE
PAS, DANGER DE MORT
لا نس

НЕ ВЛЕЗАЙ, УБЬЕТ!

סכנה

Nie dotykać!
Urządzenie
elektryczne!

PELIGRO DE MUERTE
PAS, DANGER DE MORT

НЕ ВЛЕЗАЙ, УБЬЕТ!

Nie dotykać!
Urzadzenie
elektryczne!